Einführung in die Psychologie

"Leib-Seele-Problem", Konsequenzen für die Therapie psychischer Störungen, Experiment als "Königsweg" der psychologischen Forschung, Entwicklung der kognitiven Wende

Johanna Villringer

Bibliografische Information der Deutschen Nationalbibliothek:

Die Deutsche Nationalbibliothek verzeichnet diese Publikation in der Deutschen Nationalbibliografie; detaillierte bibliografische Daten sind im Internet über http://dnb.d-nb.de abrufbar.

ISBN: 9783346646392
Dieses Buch ist auch als E-Book erhältlich.

Druck und Bindung: Books on Demand GmbH, Norderstedt Germany
Gedruckt auf säurefreiem Papier aus verantwortungsvollen Quellen

Das vorliegende Werk wurde sorgfältig erarbeitet. Dennoch übernehmen Autoren und Verlag für die Richtigkeit von Angaben, Hinweisen, Links und Ratschlägen sowie eventuelle Druckfehler keine Haftung.

Das Buch bei GRIN: https://www.grin.com/document/1216675

Einsendeaufgabe

Einführung in die Psychologie

Thema: Alternative A

Vorgelegt von: Johanna Villringer

Modul: Einführung in die Psychologie

Studiengang: B. Sc. Psychologie

SRH Fernhochschule – The Mobile University

Heidelberg, den 01.03.2022

2

Inhaltsverzeichnis

Abkürzungsverzeichnis

MRT	Magnetresonanztomographie
fMRT	Funktionelle Magnetresonanztomographie

Tabellenverzeichnis

1 Aufgabe A1

In dieser Aufgabe wird das Leib-Seele-Problem erklärt, definiert und die unterschiedlichen Standpunkte einzelner Psychologen/Philosophen dargestellt. Anschließend wird auf psychische Erkrankungen eingegangen und welche Konsequenzen sich für deren Therapie aus monistischer und dualistischer Ansicht ergibt.

1.1 Leib-Seele-Problem

Platon war der eigentliche Begründer des Dualismus. Begründet hat er dies über das körperliche und das geistige Verhältnis eines Menschen.[1]
Platons Theorie besagt, dass die Seele das Prinzip des Lebens selbst ist und diese Seele kann auch nicht vergehen. Hierbei wird zwischen der Einzelseele und der Weltseele unterschieden, jedoch sind beide eine Einheit und unsterblich.
Nach Platon wird zwischen dem Leib und der Seele unterschieden da sie zwei Entitäten sind, welche getrennt voneinander betrachtet werden müssen. Laut Platon ist die Seele der Ort, in dem die Identität sitzt. Daher wird der Leib von der Seele geleitet.[2]

Schon in der Antike findet das Leib-Seele-Problem durch Aristoteles (322 v. Chr.) seinen Ursprung in der griechischen Philosophie und unterscheidet sich zu Platons Sichtweise. Aristoteles, der Begründer der klassischen Philosophie, beschäftigt sich bereits damit wie Körper, Geist und Seele miteinander funktionieren. Aristoteles versucht herauszufinden, ob die Psyche des Menschen in Form des zentralen Nervensystems und des Gehirns dargestellt werden kann oder ob sie etwas Unantastbares, etwas nicht wissenschaftlich Messbares ist.[3]
In seinem Werk „Peri Psychés" stellt er fest: „Zuerst muss man wohl die Entscheidung treffen, zu welcher Gattung die Seele gehört und was sie ist, ich meine damit, ob sie ein bestimmtes Etwas und eine Substanz ist oder ob sie etwas Qualitatives oder etwas Quantitatives oder auch eine andere der unterschiedenen Kategorien ist. Ferner ab, ob sie zu dem in Möglichkeit Seienden gehört oder eher eine vollendete Wirklichkeit ist".[4]

---

[1] Vgl. Schleiermacher (2013), S.154

[2] Vgl. Döring (2015), S.122

[3] Vgl. Mühlfelder (2017), S.9-10

[4] Vgl. Aristoteles (etwa 335 v.Chr.), S. 225

Für Aristoteles ist es wichtig, eine Seele zu haben. Dies bedeutet, dass der Mensch am Leben ist. Jedes Lebewesen hat eine Seele und ist damit lebendig.[5]

Die methodische Grundlage mit der Auseinandersetzung der Seele nach Aristoteles folgt durch das Aufstellen von Hypothesen, genaue Beobachtungen sowie logische Schlussfolgerungen.

Er betrachtet bei seiner Verwirklichung/Ausarbeitung der Nikomachischen Ethik auch mehrere Tugenden, welche in seinen Augen das Streben nach einem erfüllten Leben sowie nach Glück ist. Die zehn Tugenden sind: Tapferkeit, Besonnenheit, Großzügigkeit, Hochsinnigkeit, Ehrliebe, Aufrichtigkeit, Freundschaft, Gewandtheit, Schamgefühl und Gerechtigkeit.

In der Nikomachischen Ethik ist der Kernpunkt das Erstreben des „richtigen Maß", als die Kompensation zwischen den Extremen. Mit den Extremen sind zum Beispiel Freude <-> Trauer, Lust <-> Unlust und Stress <-> Entspannung gemeint.

Der Ansatz der Nikomachischen Ethik wird in der heutigen Zeit als „die positive Psychologie" benannt.

Die Kongruenz zur aktuellen Psychologie wird auch in den Konzepten der Selbstwirksamkeit nach Bandura (1977) und der Bedürfnispyramide nach Maslow (1943) erkannt.

Folglich liegt die wissenschaftliche Auseinandersetzung mit der Psyche in der Antike der griechischen Philosophie.

Thomas von Aquin sieht die Seele ähnlich wie Aristoteles. „Die Seele ist unkörperlich, dem Körper immanent und dessen Lebensvollzüge sind organisierend. Für ihn ist die Seele zwar mit dem Körper verbunden, kann aber getrennt von ihm existieren".[6]

Aquin versucht alle „über eine funktional akzidentelle Verbindung von Leib und Seele hinaus in eine wirklich substanzielle Einheit des Menschen durchzudringen." Kontinuierlich scheitert es bei ihm aus philosophischen und theologischen Gründen. „Für ihn ist die Seele der eigentliche Mensch. Der Mensch ist eine Seele, die sich eines Leibes bedient."[7]

Es gibt drei effektive Aussagen, welche zur rechten Beziehung führen: Die Auferstehung des Leibes, die Unsterblichkeit der Seele und die Personalität des Menschen. Es werden

---

[5] Vgl. Carrier & Mittelstraß (1989), S.12

[6] Vgl. Krings et al. (1986), S.139

[7] Vgl. Hirschberger (1976), S. 455

alle 3 Kombinationen miteinander durchgespielt, um nach neuen Antworten zu suchen. Das wichtigste Kriterium dabei bleibt jedoch das Personsein des Menschen.[8]

René Descartes führt die Grundlagen von Martin Luther bezüglich des menschlichen Willens und der eigenen Entscheidung mit der Auseinandersetzung des Wortes Gottes. Descartes trennt den Körper vom Geist und geht von einer körperlichen Substanz („res extensa") und einer geistigen Substanz („res cogitans") des Menschen aus. Für beide Konstrukte gibt es unterschiedliche Arten der Untersuchung. Die geistige Substanz sollte durch Reflexion geistiger Prozesse und Introspektion wissenschaftlich untersucht werden. Sie ist einer naturwissenschaftlichen Betrachtung nicht zugänglich.
Die körperliche Substanz hingegen kann experimentell beschrieben und naturwissenschaftlich untersucht werden, da sie denselben Gesetzmäßigkeiten wie Lebewesen, physiologischen und chemischen Prozessen unterliegen.[9]
Für Descartes steht die Seele und der Leib in einer Wechselwirkung.[10] Für ihn war es im Gegensatz zu Platon wichtig, Beweise zu liefern, welche bestätigen, dass die Existenz der Seele unabhängig zum Körper ist.[11]

Nach Bunge, M. (1984) ist das Leib-Seele-Problem eine weitwirkende philosophische Fragestellung. Es geht um die Beziehung zwischen dem Leib und der Seele. Mit dem Leib bezeichnet der Philosoph den belebten Körper, vor allem das Gehirn und die Seele, ist mit dem Geist bzw. dem Bewusstsein gemeint. Es wird von vielen als das unlösbare Problem bezeichnet und ist die Grundfrage der Philosophie.

Aristoteles vertritt weder die dualistische noch die monistische Sichtweise des Leib-Seele-Problems.[12]
Das Leib-Seele-Problem beinhaltet zwei verschiedene Auffassungen. Es gibt einmal die monistische Auffassung und die dualistische Auffassung. Der Monismus kennzeichnet die Einheitslehre, die von C.Wolff bestimmt wurde. Nach Wolff kann die Vielfalt des Wirklichen auf das Prinzip allein hergeleitet werden, und ist das einzige philosophisch-weltanschauliche Urmotiv. Für das Urmotiv gibt es jedoch inhaltliche Unterschiede.[13]

---

[8] Vgl. Heinzmann (1965)
[9] Vgl. Hoppe (2009)
[10] Vgl. Bunge (1984), S. 8
[11] Vgl. Beckermann (2011), S.31
[12] Vgl. Carrier & Mittelstraß (1989), S.12
[13] Vgl. Bertelsmann (1995) S.287-290

Der Monismus wird als die Einheitslehre im Verhältnis mit dem Körper und Seele betrachtet. Seit C. Wolff den Monismus begründet, entwickelt sich dieser in die unterschiedlichsten Richtungen, welche sich dann in verschiedene Untergruppen unterteilt.[14]

Bei der monistischen Ansicht wird die Beziehung zwischen dem Geist und der Materie bestritten. Es wird davon ausgegangen, dass es immer nur eine der zwei existierenden Welten gibt.

Der Dualismus geht davon aus, dass das Gehirn und das Bewusstsein zwei komplett unterschiedliche Entitäten sind, welche zwei unterschiedlichen Gegenstandsbereichen angehören und eigenständig voneinander auftreten können.[15]

1.2 Konsequenzen für die Therapie psychischer Störungen (monistische bzw. dualistische Perspektive)

Wie hängt das Leib-Seele-Problem mit der Therapie der psychischen Störungen zusammen und welche Konsequenzen leiten sich daraus ab?

In der Medizin ist bekannt, dass körperliche Beschwerden, Auswirkungen auf Erkrankungen sowie auf die psychische Gesundheit der Menschen haben kann. Ein Beispiel hierfür sind Depressionen. Die häufigsten diagnostizierten Erkrankungen in Deutschland sind psychosomatisch bedingt.[16]
In der Psychosomatik wird auf die Wissenschaft und auf psychische Faktoren geachtet, welche zu einer Erkrankung führen können.[17]
Bei der Untersuchung wird zunächst geschaut, ob eine biologische Ursache zu den psychischen Beschwerden führt. Ist dies nicht der Fall, wird davon ausgegangen, dass eine psychosomatische Ursache zu der Erkrankung führt.[18]

Auslöser für psychosomatische Erkrankungen sind sehr vielfältig und gehen in alle Richtungen. Sie gehen vom Reizdarm-Syndrom bis hin zu Herzinfarkten, Panikattacken

---

[14] Vgl. Asanger & Wenniger (1992), S. 478 f
[15] Vgl. Büntrup (2001) S.133-145
[16] Vgl. Maderthaner (2008), S.381-382
[17] Vgl. Eichenberg & Senf (2020), S.11
[18] Vgl. Specht (2021), S.293

und auch Asthma können Auslöser hierfür sein. Die typischen Auslöser sind ein sehr erhöhtes und andauerndes Stresslevel, Depressionen, ein traumatisches Ereignis, welches nicht leicht verarbeitet werden kann, aber auch Ängste können psychophysische Krankheiten hervorrufen.[19]

Die Stellungnahme der Psychologen und Ärzte bezüglich des Leib-Seele-Problems hat einen großen Einfluss auf die bestimmte Auswahl der Behandlungsmethoden und der Untersuchungsmethoden des Patienten. Es gibt laut Meyer (2005) die Versachlichung der Arzt-Patienten-Beziehung. Dies bedeutet, dass der Arzt den Patienten als Objekt sieht (Dualismus). Er wendet vermehrt naturwissenschaftlich-technische Methoden der Medizin an, und es wird kaum auf das Empfinden des Patienten Rücksicht genommen. Andererseits kann der Mensch auch als Subjekt wahrgenommen werden (Monismus), wobei die Ärzte vorzugsweise, erst Gespräche mit dem Patienten führen, um vorerst den Grund der körperlichen Beschwerden zu verstehen.[20]

Die wichtigste Methode eines Arztes ist es, eine richtige Diagnose der psychosomatischen Medizin zu stellen, welche durch ein erstes ausführliches Anamnese-Gespräch mit dem Patienten geführt wird. Das äußere Erleben des Menschen und das innere Empfinden müssen dabei berücksichtigt werden.[21]

2 Aufgabe A2

Dieses Kapitel wird in zwei Unterkapitel unterteilt. Im Unterkapitel 2.1 wir erklärt, warum das Experiment in der Forschung als „Königsweg" der Gewinnung neuer Erkenntnisse bezeichnet wird. Im Kapitel 2.2 geht es um die Vor- und Nachteile eines Experiments und einer Feldstudie.

2.1 Betrachtung des Experiments als „Königsweg" der psychologischen Forschung

Warum wird in der psychologischen Forschung oft das Experiment als „Königsweg" zur Gewinnung neuer Erkenntnisse betrachtet?

Psychologen begründen ihren Stolz darin, dass die Psychologie eine widerfahrene experimentelle Wissenschaft ist. 1879 wurde durch Wilhelm Wundt in Leipzig das erste psychologische Laboratorium der experimentellen Psychologie gegründet. Es gab die

---

[19] Vgl. Maderthaner (2008), S.394; Meyer (2005), S.35

[20] Vgl. Meyer (2005), S.59-60

[21] Vgl. Klußmann & Nickel (2009), S.46

Möglichkeit Experimente über das Lernen, das Gedächtnis und die Wahrnehmung durchzuführen. Zu Beginn zweifeln viele Psychologen daran, dass entwicklungs-, persönlichkeits-, und sozialpsychologische Phänomene in einem Laboratorium untersucht werden können und nutzen diese kaum. Im ersten Viertel dieses Jahrhunderts, fing es an, dass sich immer mehr Psychologen an die Laborforschung hin getastet haben und Ende des zweiten Weltkrieges breiteten sich die Bereiche der Sozial-, Persönlichkeits- und Entwicklungspsychologie richtig aus.

Ein Experiment wird auch als empirische Untersuchung bezeichnet. Es werden die Untersuchungseinheiten den entsprechenden Untersuchungsbedingungen zufällig zugeordnet. Dies wird als Randomisierung bezeichnet.

Oftmals wird ein Experiment nicht in Form einer Methode gesehen, sondern wird als eine signifikante Form eines Untersuchungsdesign betrachtet. [22]

Der Forscher variiert, während eines Experiments mit dem Bedingungsfaktor der unabhängigen Variable, damit anschließend erkannt werden kann, welche Effekte, als die abhängigen Variablen daraus entstehen.
Durch schriftliche und/oder durch mündliche Befragungen, Beobachtungen und Inhaltsanalysen können Veränderungen der abhängigen Variablen gemessen werden. Störvariablen können durch Wiederholungen des Experimentes kontrolliert werden, wenn immer die gleichen Effekte auftreten.[23]

Es gibt zwei Merkmale welche wichtig für das Experimentieren sind. Die Bedingungen müssen durch den Versuchsleiter unter den bestimmten Verhaltensweisen der Vpn (Versuchsperson) beobachtet werden und das Geschehen muss von störenden Einflüssen kontrolliert werden.[24]

Bei Experimenten gibt es Merkmale, welche diese verfälschen können. Deshalb müssen Bedingungen eingehalten werden, um dies nicht hervorzurufen. Es muss vorausgeplant werden, dass die experimentellen Bedingungen genau beschrieben werden müssen und dies wird als Planmäßigkeit bezeichnet. Eine präzise Planung des Experiments ist wichtig, dass dies jeder wiederholen und überprüfen kann (Replikation), wenn er die

---

[22] Vgl. Diekmann (1999), S.8
[23] Vgl. Bortz (1984), S. 35 ; Czienskowski (1996), S. 23; Osnabrügge/Frey (1989), S. 180
[24] Vgl. Bredenkamp (1969); Mahoney (1978); Zimny (1961), S. 5-7

Versuchsbedingungen einhält. Der Kontrollverlauf muss immer beachtet werden. Es muss beobachtet werden, ob es psychische Veränderungen bei der Versuchsperson gibt. Wichtig ist das die Versuchsperson als „ganzer Mensch" am Experiment teilnimmt. Von der Versuchsperson wird eine gewisse Motivation erwartet.

Die Auswertung ist ebenfalls ein wichtiger Punkt der Prinzipien eines psychologisch-experimentellen Experiments. Die Daten müssen bei der Auswertung statistisch aufbereitet werden, wobei der Versuchsleiter objektiv die Beobachtungen, welche er gemacht hat, auswertet.

Es kann allerdings bei der Durchführung von Experimenten zu Problemen kommen. Problematisch ist die Motivation der Versuchsperson. Es ist noch ungeklärt, wie sich die unterschiedlichen Motive der Versuchspersonen, welche bei einem Experiment teilnehmen, auf die Ergebnisse des Experimentes auswirken.

Desweitern ist bei psychologischen Experimenten die Teilnahme meist kostenlos und freiwillig. Oft bekommen die Teilnehmer Geld oder eine andere Belohnung für die Teilnahme, was dazu führt, dass vorallem Studenten daran teilnehmen. Häufig sind es Psychologie-Studenten, da diese eine bestimmte Anzahl von Versuchspersonenstunden sammeln müssen. Es unterscheidet sich also die Gruppe der Teilnehmer systematisch vom Populationsdurchschnitt. Da sie eine wirklich randomisierte Stichprobe ist, führt das zu einer Gefährdung der externen Validität.

Ein weiteres Problem, welches beachtet werden muss, ist der Versuchsleitereffekt. Er ist sehr erforscht und auch als Rosenthal-Effekt bekannt. Der Versuchsleitereffekt hat eine bestimmte Wirkung auf das Versuchsergebnis. Dieser kann durch die Methode, die Einstellung und die Motivation einer Person hervorgerufen werden. Trotz der oben genannten Probleme sind die Experimente der „Königsweg" bei Untersuchungen.[25]

Es gibt verschiedene Arten von Experimenten. Einmal gibt es die Labor- und Feldexperimente und es gibt die echten Experimente und die Quasi-Experimente. Feldexperimente werden in der natürlichen Umgebung durchgeführt und die Laborexperimente werden dort durchgeführt, wo eine Kontrolle über eventuelle Störvariablen möglich ist.

Bei Quasi-Experimenten wird automatisch bestimmt, welche Experimental- bzw. Kontrollgruppe gezählt wird, da dabei die Eigenschaften der Versuchsperson wichtig sind. Ein Beispiel ist „der tägliche Handykonsum einer Person". Quasi-Experimente ermöglichen durch die nicht manipulierbaren unabhängigen Variablen keine

---

[25] Vgl. Huber (2005)

Kausalaussage. Echte Experimente sind durch eine randomisierte zufällige Verteilung, und die Manipulation unabhängiger Variablen gekennzeichnet.

Die verschiedenen Arten der Experimente unterscheiden sich in ihrer internen und externen Validität.[26]

2.2 Vor und Nachteile der psychologischen Experimente im Vergleich zu Feldstudien

In diesem Abschnitt geht es um die entsprechenden Vor- und Nachteile, welche psychologische Experimente und Feldstudien haben.

Psychologische Experimente und Feldstudien unterscheiden sich größtenteils durch ihre interne und externe Validität. Bei dem Messen der Validität, wird geschaut ob tatsächlich das gemessen wird, was gemessen werden soll. Es geht somit um die Glaubwürdigkeit der Ergebnisse. Anschließend wird unterschieden in externer und interner Validität.

Bei der Messung der internen Validität wird darauf eingegangen, ob das gemessen wird, was gemessen werden soll und ob es ein glaubwürdiges Ergebnis liefert.

Die externe Validität geht auf die Ergebnisse ein, welche sich außerhalb der Forschung generalisieren lassen.[27]

Tabelle1 *„Interne und externe Validität der Labor- und der Feldstudie"* [28]

	Experimentell	Quasi-experimentell
Feldstudie	Interne Validität hoch / externe Validität hoch	Interne Validität niedrig / externe Validität hoch
Laborstudie	Interne Validität hoch / externe Validität niedrig	Interne Validität niedrig / externe Validität niedrig

In Tabelle 1 werden die verschiedenen Validitäten der psychologischen Experimente präsentiert. Es wird jeweils zwischen einer Feldstudie und einer Laborstudie unterschieden, und ob diese experimentell oder quasi-experimentell ist. Anhand dieser Angaben wird zwischen einer externen und internen Validität differenziert und ob diese hoch oder niedrig ausgeprägt sind.

---

[26] Vgl. Trautner (1997)

[27] Vgl. Himme (2007)

[28] Vgl. Campbell, Stanley,(1966)

Es gibt einige Vorteile und Nachteile von Experimenten für die Datenerhebung. Ein Vorteil ist die Hypothesenprüfung. Das geplante Experiment wird durchgeführt und ausgewertet, und anschließend wird sich für oder gegen eine zuvor aufgestellte Hypothese entschieden. Diese Art der Hypothesentestung ist bei ähnlichen oder anderen Experimenten gar nicht oder nur eingeschränkt möglich. Ein weiterer Vorteil ist die Kontrolle beziehungsweise die Eliminierung von Störfaktoren. Auftretende Störfaktoren können in einem Experiment kontrolliert oder auch beseitig werden. Mögliche Störfaktoren können sowohl die unabhängige als auch die abhängige Variable beeinflussen.

Am ehesten ist mit einem Experiment die Entdeckung der kausalen Zusammenhänge möglich. Aber es gibt trotzdem die Möglichkeit, dass sich, auch nachdem die Durchführung des Experiments beendet wurde, noch viele Alternativerklärungen auf das Ergebnis zurückführen lassen.[29]

Jedoch gibt es auch einige Nachteile, welche ein psychologisches Experiment mit sich bringt. Es gibt die ethischen Grenzen, welche nicht überschritten werden dürfen. Gerade bei Experimenten mit Kindern aber auch mit Erwachsenen ist dies häufig ein Problem, welches beachtet werden muss. Ein Experiment kann nicht beliebig durchgeführt werden, da es ethischen Grenzen unterliegt. Es ist zum Beispiel untersagt, ein Deprivationsexperiment durchzuführen, bei dem Kindern der komplette Sozialkontakt für einen bestimmten Zeitraum verboten wird, bzw. vorenthalten wird, damit die Veränderung für die spätere soziale Entwicklung überprüft werden kann.

Die fragwürdige Generalisierbarkeit ist auch ein wichtiger Nachteil, welcher bei jedem Experiment spätestens bei der Hypothesenprüfung beachtet werden muss. Durch die häufig künstliche Versuchssituation, aber auch der zeitlichen Komprimierung einer Studie ist es noch ungeklärt, ob die erhobenen Ergebnisse verallgemeinert werden können. Es ist fraglich, ob die Resultate eines Experiments mit Teilnehmern, welche mit Versuchspersonenstunden vergütet werden, und nur eine halbe Stunde bei einem Lernexperiment teilnehmen, wirklich auf die Allgemeinheit projiziert werden können. Organismusvariablen (Eigenschaften des Organismus) sind nicht experimentell variierbar. Das ist ein großes Problem bei vielen Experimenten, da diese für viele entwicklungspsychologische Experimente sehr wichtig sind. Das Alter, das Geschlecht und die soziale Schichtzugehörigkeit sind Organismusvariablen, welche nicht experimentell manipulierbar sind. Es ist nur möglich, dass die Drittvariablen im Experiment erfasst werden.[30]

---

[29] Vgl. Trautner (1997)

[30] Vgl. Trautner (1997)

In den oberen Abschnitten dieser Aufgabe haben wir nun mehrere Vor- bzw. Nachteile eines psychologischen Experiments aufgelistet. Anschließend gibt es zum Vergleich einige Vor- und Nachteile einer Feldstudie. Erstmals sind die Forschungsergebnisse, welche in der natürlichen Umwelt gewonnen werden, sehr von Vorteil. Die Ergebnisse mit der Situation vor Ort können sehr gut übertragen werden und somit ist die externe Validität gewährleistet. Des Weiteren kann die Untersuchung sehr gut ohne bestimmte Vorkenntnisse der Versuchspersonen stattfinden. Oft finden sie in einem nicht so ungewohnten Umfeld statt. Beliebte Orte sind zum Beispiel das Büro, wenn zum Beispiel Befragungen über den Arbeitsplatz gemacht werden. Aufgrund der gewohnten Umgebung ist die Reaktivität der Teilnehmer eher geringer als bei einer künstlichen Laborumgebung.

Es gibt bei Feldstudien auch klare Nachteile, wie zum Beispiel die bürokratischen Hürden. Sie verhindern/verringern den Datenschutz bei der Datenerhebung um einiges. Ein Beispiel sind die Kontaktprofile im Telekommunikationsbereich.

Der Kooperationszwang mit dem Unternehmen, aber auch mit den einzelnen Abteilungen und den dort beteiligten Personen, ist auch ein Problem und erschwert es um einiges. Es ist daher nicht selten, dass bestimmte Fragen aus unternehmerischen/politischen Gründen nicht an die Mitarbeiter und die Kunden gestellt werden dürfen. Es ist außerdem nicht möglich, dass neue Werbeformen und Produktdesigns direkt an Kunden getestet werden, da dies den finanziellen Bogen komplett sprengen würde. Ein weiterer Grund dies nicht zu machen sind die Folgen, welche durch Beschwerden der Kunden einhergehen. Es könnte ein zu hohes Risiko von unerwünschten Auswirkungen haben. Ein weiterer Nachteil ist die aufwändige Kontrolle von bestimmten Störvariablen. Im natürlichen Umfeld herrschen viele Variablen, welche die Ergebnisse beeinflussen können, zum Beispiel bei der Prüfung der Resonanz einer neuen Produktverpackung, kann dies zu Konsequenzen für die Interpretierbarkeit der daraus erfolgten Ergebnisse führen. Um jedoch die Wirkung der Störvariablen zu verringern, gibt es im Feld meist sehr gute Möglichkeiten, welche allerdings mit hohen Kosten verbunden sind.

3   Aufgabe A3

In diesem Kapitel geht es um die Entwicklung der kognitiven Wende und die Änderung der Sichtweise auf den Behaviorismus. Es gab verschiedene Perspektiven in dieser Entwicklung, welche erläutert und dargestellt werden. Anschließend geht es um die computergestützten bildgebenden Verfahren und wie diese psychische Prozesse erforschen.

3.1 Veränderung der Perspektive auf psychologische Prozesse der kognitiven Wende in den 1960er und den 1970er Jahren, im Vergleich zum Behaviorismus

Die kognitive Wende ist der Übergang der Phase von einem behavioristischen Denken zu einem kognitiv-psychologischen Denken. Die kognitive Wende bzw der Begriff „cognitive revolution" welcher von William N. Dember entstammt, hat diesen das erste Mal 1974 in einer Publikation verwendet.[31]

Die kognitive Wende wurde schon von O´Donohue, Ferguson und Naugle (2003) untersucht und versucht diese zu erklären, aber es ist schwierig, da sie keine „wissenschaftliche Revolution" ist, und auch kein „Paradigmenwechsel". Sie wird eher als ein sozio-kulturelles Phänomen angesehen. Die Begründer der kognitiven Psychologie haben eine andere Auffassung darin, wer die kognitive Wende ausgelöst und stattfinden hat lassen.[32]

Die kognitive Wende fängt in den 1960er und 1970er Jahren an und beginnt erst richtig durch die Entwicklung der Digitalcomputer und dessen Verwendung als das menschliche Gehirn. Es geht im Kognitivismus um die innerpsychologischen Vorgänge in der Form von Reizen, aber auch Reaktionen. Die kognitive Wende wird durch bestimmte Bedingungen und dem Wunsch, dass die Gesellschaft eine wissenschaftliche Theorie über das Denken hat, angeregt.

Es hat in der Psychologie angefangen mit den Ansätzen von Wundt. Dieser hat das Bewusstsein des Menschen als oberste Priorität und als wichtigsten Bestandteil gesehen. Nach einer Zeit änderte sich die Sichtweise mit dem Behaviorismus.
Der Begründer des Behaviorismus war John B. Watson. Sein Ziel mit dem Behaviorismus war das Etablieren der Psychologie, damit diese als Teil der Naturwissenschaft und der objektiven Wissenschaft anerkannt wird. Er fordert in seiner Schrift „Psychology as the Behaviorist Views it" all das Subjektive aus der Psychologie zu entfernen und beruht auf der Introspektion der Bewusstseinspsychologie.

Es heißt, dass das Bewusstsein noch nicht wissenschaftlich erforscht sei und nur die äußeren Bedingungen und Verhaltensweisen verfügbar/erreichbar sind. Es geht im Behaviorismus um das Verhalten der Menschen.[33]

---

[31] Vgl. Dember (1974), S. 161-168

[32] Vgl. O´Donohue, Ferguson, Naugle (2003), S. 85-100

[33] Vgl. Watson (1913), S. 158-177

Der Hauptgrund für die kognitive Wende liegt darin, dass es Kritik am Behaviorismus und den Forschungsansätzen gibt.

Endgültig trug Ulric Neisser zur Entwicklung der kognitiven Wende bei. Er schreibt in seinem Buch „cognitiv Psychology" (1967), dass Erinnerungen, Ergebnisse von bestimmten Restriktionen sind, welche nicht wegen Emotionalität im Gedächtnis bleiben.[34]

Im Laufe der Zeit, wird die Anwendung von Computern bzw. der Informatik immer beliebter und allgemeiner. Es finden in der kognitiven Psychologie immer mehr Versuche zur Computersimulation der psychischen Prozesse statt. Bei den Simulationen geht es vor allem um den Lern- und Denkprozess des Menschen und wie diese im Computer simuliert werden.[35]

Grundsätzlich wird durch die Entwicklung der kognitiven Wende eine neue Sichtweise der Psychologie erforscht und dargestellt. Diese können das Verhalten der Menschen durch die Entwicklung von Konzepten für die künstliche Intelligenz bis hin zu vielen verschiedenen anderen Theorien erklären.[36]

3.2 Computergestützte bildgebende Verfahren zum Beitragen der Erforschung psychischer Prozesse

Es gibt mehrere bildgebende Verfahren (auch Neuroimaging bezeichnet), welche ohne das Eindringen in den Schädel, uns in die inneren Strukturen und die Vorgänge des Gehirns einen Einblick erschaffen. In der Medizin werden diese Verfahren schon sehr lange genutzt, und in der Neuropsychologie werden diese Verfahren in den letzten zwei Jahrzenten endlich entdeckt. Es gibt viele Belege, die bestätigen, dass diese Instrumente, sehr förderlich in der Neuropsychologie sind, und sie dadurch, auch viele Möglichkeiten haben, die Neuropsychologie weiter zu erforschen und voranzubringen. Verfahren, welche am häufigsten in der Neuropsychologie benutzt werden, sind Positronen-Emissions-Tomografie (PET), die Magnetresonanztomografie (MRT), welche die funktionelle Magnetresonanztomografie (fMRT) ableitet.

Jedes der bildgebenden Verfahren nutzt verschiedene physikalische Methoden.

Die Magnetresonanztomografie liefert ein Bild der Struktur des Gehirns. Hierfür wird ein starkes Magnetfeld erzeugt, welches dann die Atomkerne in Richtung des Magnetfeldes im Kopf ausrichtet. Aufgrund der unterschiedlichen Gewebearten ändert sich das

---

[34] Vgl. Lück (2014), S. 1162

[35] Vgl. Holzkamp (1989), S. 73-74

[36] Vgl. Lück (2014), S. 903

Magnetfeld und somit wird auch die Ausrichtung der Kerne verändert. Es wird zwischen langsamem und schnellem Wechsel der Richtung der Atomkerne unterschieden. Ist der Magnet stark, so wird die Struktur viel detailreicher sichtbar und somit werden die Messartefakte, also die fehlerhafte Darstellung, gefährlicher.

Die Neuropsychologie benutzt das MRT als ein bildgebendes Verfahren, um die Unterschiede in den einzelnen Gehirnstrukturen und in der Persönlichkeit zu verbinden.[37]

Ein Beispiel: Ein Taxifahrer hat einen vergrößerten posterioren Hippocampus. Das ist eine Region, welche für das räumliche Orientieren und für das Gedächtnis des Menschen verantwortlich ist. Wenn Patienten posttraumatische Belastungsstörungen haben, verkleinert sich dieser Hippocampus was dann im späteren Verlauf der Behandlungsmethoden wichtige Auswirkungen hat.

Beim Verfahren des fMRT´s wird dasselbe Gerät wie beim MRT genutzt, jedoch zeigt es nicht die Struktur, sondern die Gehirnaktivität an. Es funktioniert aufgrund der unterschiedlichen magnetischen Eigenschaften von sauerstoffarmem und sauerstoffreichem Blut. Mit dem Magnet wird zwischen sauerstoffarmen und sauerstoffreichen Blut differenziert.[38]

Der Vorteil des fMRT ist, dass die unterschiedlichen Mechanismen im Gehirn sehr gut erkannt und erkundet werden können.

Ein Beispiel ist die „cutaneous rabbit-Illusion". Die Probanden empfinden eine Berührung, welche gar nicht stattgefunden hat. Im fMRT wird gezeigt, dass diese angebliche Berührung im Gehirn verarbeitet wird, obwohl in der Realität keine Berührung stattgefunden hat. Das Gehirn hat eine Illusion wahrgenommen und diese verarbeitet. Dadurch konnte eine große Anzahl verschiedener anderer Wahrnehmungstäuschungen ermittelt werden, welche neuronale Grundlagen haben. All das hilft uns die anderen Prozesse, welche im Gehirn stattfinden, zu verstehen.[39]

PET ist ein weiteres Verfahren, bei dem ein Kontrastmittel, welches schwach radioaktiv ist, dem Patienten appliziert wird. Zwei Photone werden in konträre Richtungen ausgesendet, falls es zu einem Zerfall bei der Injektion des Kontrastmittels kommt. Letztendlich kann durch das Auffangen der Photonen durch einen Ring genau erkannt/festgestellt werden, wo der Zerfall im Gehirn stattgefunden hat. Das Kontrastmittel, welches verabreicht wird, wird über das Blut im Patienten an die Orte im

---

[37] Vgl. Diers (2010), S. 296-304

[38] Vgl. Maguire (2000), S. 403

[39] Vgl. Blankenburg (2006), S. 3-5

Körper weitergegeben, in denen ein erhöhter Sauerstoffwechsel stattfindet. Das bedeutet, es wird dorthin gebracht, wo besonders viel Sauerstoff gebraucht wird. Es resultiert eine Karte der Aktivität innerhalb des Gehirns.

Die PET Untersuchung ist im Vergleich zu den anderen Methoden kostspieliger und bringt eine hohe Strahlenbelastung mit sich, wodurch sie in der Forschung nicht so häufig benutzt wird. Anstelle der PET-Untersuchung wird dann oftmals das fMRT verwendet.

Durch diese bildgebenden Verfahren kann bei Studienteilnehmern oder Patienten genau erkannt werden, wie deren Hirnareale geformt sind und an welchen Orten im Gehirn bestimmte Funktionen stattfinden. Durch dieses Wissen können die grundlegenden Mechanismen im Gehirn verstanden werden und somit neue Therapiemethoden für psychische Störungen aber auch für körperliche Störungen gefunden/erforscht werden. Durch die Bildgebung kann schließlich festgestellt werden, welche Areale im Gehirn für welche Störung zuständig sind.

Durch diese Verfahren hat man bisher zahlreiche Erkenntnisse über das menschliche Gehirn und dessen Funktion herausgefunden. Allerdings sind viele Abläufe in unserem Gehirn noch nicht erforscht.

Literaturverzeichnis

Asanger, R. & Wenninger, G. (1992). *Handwörterbuch Psychologie.* Weinheim: Beltz Psychologie Verlagsunion. (Stangl, 2022).

Aristoteles. (2003). *Nikomachische Ethik,* In F.Schleiermacher (Hrsg.), Reclams Universal-Biblothek, Nr 8586 Reclam

Balzert et al. (2008). *Wissenschaftliches Arbeiten.* 1.Edition

Beckermann, A. & Nimtz, C. (2004). *Philosophie und als Wissenschaft: Willensfreiheit in einer natürlichen Weltordnung.* Paderborn: Mentis

Bertelsmann (1995). *Lexikon Institut Bertelsmann.* Gütersloh: Bertelsmann Lexikon Verlag. (Stangl, 2022).

Blankenburg, F. et al. (2006). *The cutaneous rabbit illusion affects human primary sensory cortex somatotopically.* PLoS Biol. Mar;4(3):e69.

Bortz, J. (1984*). Lehrbuch der empirischen Forschung für Sozialwissenschaftler,* Berlin: SpringerLink

Bredenkamp, J. (1969). *The application of significance tests in theory-testing experiments.* Psychologischer Beitrag, 11(3), 275–285.

Bremner, J. D, et al. (1995). *MRI-based measurement of hippocampal volume in patients with combat-related posttraumatic stress disorder.* Am J Psychiatry. 1995 Jul;152(7):973 – 81

Brüntrup, G. (2009). *Das Leib-Seele-Problem (Eine Einführung).* Stuttgart: Kohlhammer

Bunge, M. (1984). *Das Leib-Seele-Problem.* Tübingen: Mohr Siebeck

Carrier, M. & Mittelstraß, J. (1989*). Das Leib-Seele-Problem und die Philosophie der Psychologie,* (S.12). Berlin; New York: de Gruyter

Campbell, D.T, Stanley, J.C. (1966). *Experimental and quasi-experimental designs for research.* Rand McNally, Chicago

Czienskowski, U. (1996). *Wissenschaftliche Experimente: Planung, Auswertung, Interpretation,* S.23, Beltz,

De Witt & Czerwionka. (2020). *Entwicklung der Psychologie,* zitiert nach Stangl

Dempster, M. (2017). *Forschungsmethoden der Psychologie und Sozialwissenschaften für Dummies.* Wiley-VCH

Diekmann, A. (1998). *Empirische Sozialforschung. Grundlagen, Methoden, Anwendungen,* 4. Auflage, Reinbek

Diers, M. et al. (2010). *Mirrored, imagined and executed movements differentially activate sensorimotor cortex in amputees with and without phantom limb pain.* Pain. 2010 May; 149(2):296 – 304.

Döring, N. (2015). *Forschungsmethoden und Evaluation in den Sozial- und Humanwissenschaften,* Verlag: Springr

Döring, K. & Platon. (2015). *Platon, Erster Alkibiades (*Band Platon, Werke. Übersetzung und Kommentar, Göttingen: Vandenhoeck & Ruprecht.

Eichenberg, C. & Senf, W. (2020). *Einführung klinische Psychosomatik,* (S.11).

Heinzmann, R. (1965). *Die Unsterblichkeit der Seele und die Auferstehung des Leibes. Eine problemgeschichtliche Untersuchung der frühscholastischen Sentenzen- und Summenliteratur,* Verlag: Münster: Aschendorffsche Verlagsbuchhandlung

Himme, A. (2007). *Gütekriterien der Messung: Reliabilität, Validität und Generalisierbarkeit.* In: S. Albers, D. Klapper, U. Konradt, A. Walter & J. Wolf (Hrsg.) *Methodik der empirischen Forschung.* Gabler.

Hirschberger, J. (1969). *Geschichte der Philosophie, I. Altertum und Mittelalter,* (S. 345-375)

Holzkamp, K. (1989). *Handbuch Qualitative Forschung in der Psychologie*, (S.69-70, S. 73-74). 2.Auflage Springer

Hoppe, J. (2009). *Descartes´ Leib-Seele-Dualismus,* München, GRIN Verlag,

Klußmann, R. & Nickel, M. (2009). *Psychosomatische Medizin und Psychotherapie,* (S.46).

Lewin, M. (1986). *Das Experiment. In: Psychologische Forschung* im Umriß. Springer, Berlin, Heidelberg. https://doi.org/10.1007/978-3-642-70970-8_4

Lienert, G.A. (1989). *Testaufbau und Testanalyse.* 6. Auflage, Beltz

Maderthaner, R. (2008). *Psychosomatik* (3. Auflage), (S.381-382).

Mahoney R.R, Whitaker J.R. (1978). *Purfication and Physicochemical Propertiers of β-Galactosidase. Kluyveromyces fragilis*

Meyer, O. (2005). *Leib Seele Problem und Medizin,* (S.35, S-59-60).

Kuhn, T. (1979). *Die Struktur wissenschaftlicher Revolutionen.* Frankfurt/Main: Suhrkamp Verlag.

Mühlfelder, M. (2017). *Einführung in die Psychologie,* 1.Aufl., Studienbrief der SRH Fernhochschule, Riedlingen

O'Donohue, W. Ferguson, K.E. & Naugle, A.E. (2003). *The structure of the cognitive revolution.* An examination from the philosophy of science. The Behavior Analyst, 26(1), 85-110.

Osnabrügge, Gabriele/Frei, Dieter (1989). *Experiment,* in: Endruweit, Günter/Trommsdorff, Gisela (Hrsg.), Wörterbuch der Soziologie, Stuttgart, S. 180–187

Platon. (2016). *Die großen Dialoge* (Band 5). Verlag: Anaconda Verlag

Huber, O. (2013). *Das psychologische Experiment. Eine Einführung.* Hogrefe Verlag, überarb. Edition

Stangl, W. (2022). *Stichwort: 'Versuchsleitereffekt Online-Lexikon für Psychologie und Pädagogik'.* Online-Lexikon für Psychologie und Pädagogik.

Trautner, H. M. (1997). *Lehrbuch der Entwicklungspsychologie* (2. Aufl.). Göttingen: Hogrefe.

Viktor, S. (1990). *Methodologische Grundlagen der Experimentalpsychologie.* Verlag: München: Reinhardt

Ward, J. (2015). *The Student´s Guide to Cognitive Neuroscience* (3rd edition). Hove, Sussex: Psychology Press

Watson, J.B. (1913*). Psychology as the Behaviorist Views It.* Psychological Review 20, (S. 158–177).

Dember, W.J. (1974). *Motivation and the cognitive revolution.* In: American Psychologist. Band 29, Nr. 3, (S. 161–168). doi:10.1037/h0035907.

Zimny, G.H. (1961). *Method in experimental psychology.* New York: Ronald

BEI GRIN MACHT SICH IHR WISSEN BEZAHLT

- Wir veröffentlichen Ihre Hausarbeit, Bachelor- und Masterarbeit

- Ihr eigenes eBook und Buch - weltweit in allen wichtigen Shops

- Verdienen Sie an jedem Verkauf

Jetzt bei www.GRIN.com hochladen und kostenlos publizieren